LES
DUCS DE BOURGOGNE
ET DE BERRY.
Pinot et Sagaire, éditeurs, Epinal.

ÉPISODE D'ENFANCE

DES

DUCS DE BOURGOGNE ET DE BERRY.

ÉPINAL, IMP. ET LITH. DE PINOT ET SAGAIRE.

ÉPISODE D'ENFANCE

DES

DUCS DE BOURGOGNE ET DE BERRY.

I.

A peine âgé de dix ans, Louis, duc de Bourgogne, conçut un jour le projet de profiter des deux heures de récréation que lui accordait M. de Limoges, son précepteur, pour faire une excursion dans la campagne voisine.

Il descendit donc légèrement le vaste perron du palais de Versailles, et alla rejoindre son jeune frère, le duc de Berry, qui déjà jouait dans les jardins avec le beau Loyal, son chien favori.

— Berry ! Berry ! s'écria-t-il vivement.

— Ah ! c'est vous, mon frère, répondit le jeune duc en s'élançant vers lui ; M. de Limoges est-il avec vous ?

— Chut, Berry ! ne parlez donc pas si haut, reprit Louis ! il est bien question de M. de Limoges. Dites-moi plutôt si vous voulez m'accompagner.

— Où cela, mon frère ?

— Je ne le sais pas moi-même ; mais hors de ce château d'abord ; parce que, vois-tu, mon pauvre Berry, je serai roi un jour ; eh bien, je

LES DUCS DE BOURGOGNE ET DE BERRY.

LA FUITE.

veux connaître mon peuple, mes sujets; car je veux, moi, que mon peuple soit heureux, et que personne n'ait de chagrin dans mon royaume.

— Mais, mon frère, répartit le duc de Berry, vous n'êtes pas près d'être roi.

— Je l'espère bien ainsi... Mais plus tard je le serai, et toi aussi, peut-être, mon petit Berry.

— Si nous ne sommes pas morts toutefois! observa l'enfant.

— Voyons, Berry, nous sommes trop petits pour mourir.

— Oh! ce n'est pas une raison, cela; il en meurt des jeunes comme des vieux, mon frère, répliqua de nouveau l'enfant d'un ton presque prophétique.

— N'importe, répliqua Louis, je veux me mettre en campagne; venez-vous?

— Au fait, pourquoi pas? je serai bien aise de voir aussi ceux qu'on appelle le peuple... Et si je suis jamais roi, Louis, je serai comme vous, je ne voudrai pas qu'on pleure dans mes Etats.

Alors Louis ouvrit une petite porte, et la referma sur lui et son frère, après avoir repoussé doucement le chien, et les deux enfants se trouvèrent sur la grande route.

II.

— Par où allons-nous commencer, Louis?

— Allons tout droit devant nous, répondit le duc de Bourgogne, et marchons vite.

Et, se donnant la main, ils se mirent à courir de toute la vitesse de leurs petites jambes. Mais Louis, dont la santé était très délicate, s'arrêta bientôt pour reprendre haleine. — Ah ! dit-il tout à coup, après avoir vainement fouillé dans sa poche, as-tu ta bourse, Berry ? j'ai oublié la mienne.

— Si je l'ai ! répondit ce dernier, en agitant en l'air une petite bourse assez bien garnie ; voyez, mon frère, et soyez sans inquiétude, si l'occasion s'en présente, nous sommes assez riches pour soulager quelques pauvres gens.

Se tenant toujours par la main, les jeunes princes continuèrent leur marche avec une allure plus paisible. Ils se trouvaient toujours sur la grande route; mais aucune habitation ne se montrait encore à leurs regards.

— Si nous allions nous perdre, Louis, dit le plus jeune à son frère.

— Nous perdre! que vous êtes enfant! est-ce que l'on se perd dans son royaume? répartit gravement le duc de Bourgogne. Voyez d'ailleurs, reprit-il un instant après, tout en indiquant un nuage de fumée noirâtre qui s'élevait derrière un petit bouquet de sapins ; voilà qui nous annonce une maison.

— C'est vous qui parlerez, mon frère.

— C'est convenu... Allons, mon petit Berry, dépêchons-nous.

Et le duc, enjambant un fossé qui bordait la route, se trouva dans un champ où son frère le rejoignit bientôt ; et, après dix minutes de marche, ils se trouvèrent en face d'une petite maisonnette bâtie en briques rouges.

Malgré le froid, qui était vif, une jeune fille de seize à dix-sept ans se tenait accoudée à une fenêtre ouverte du rez-de-chaussée, dans l'attitude de la réflexion ; elle portait de temps en temps son mouchoir à ses yeux rougis de larmes, et ne vit pas les petits princes qui, arrêtés, la regardaient avec attention.

— On dirait qu'elle pleure, murmura Berry.

— En vérité, oui, elle pleure, répondit Louis ; puis s'approchant de la jeune fille, il s'écria :

— Mademoiselle !

Elle tressaillit, regarda les deux enfants avec étonnement, et leur dit :

— Mais qui êtes-vous donc, mes petits seigneurs?

— Il ne s'agit pas de savoir qui nous sommes, répondit Louis en souriant; nous ne vous voulons aucun mal; au contraire. Mais dites-nous seulement pourquoi vous pleurez.

Alors la jeune fille raconta, en s'accompagnant de gros soupirs, qu'elle devait aller prochainement à la noce, et que son père se refusait à lui acheter une robe! — Et il faudra, soupira-t-elle en terminant son plaintif récit, que je m'en aille avec ma jupe et mon casaquin gris, quand les autres seront braves dans leurs ajustements rouges ou bleus.

Les deux frères se regardèrent : le petit duc de Berry mit sa main dans sa poche, pendant que Louis disait :

« Cela coûte-t-il bien cher, une robe neuve ?

— Et cela coûte bien cher, une robe neuve?

— Oh! mon jeune seigneur, plus que vous ni moi ne possédons en ce moment! il faudrait au moins deux écus de six livres.

— Alors avec cela vous pouvez vous faire belle pour la noce? reprit le duc de Bourgogne, en faisant briller, aux yeux de la jeune fille, un beau louis de quatre-vingt-quatre livres.

— Avec ça, dit-elle, avec ça, on pourrait se faire une toilette complète.

— Eh bien, faites-vous une toilette complète, et dansez bien, répartit Louis en lui glissant la pièce d'or dans la main.

Et les deux enfants s'enfuirent à toutes jambes, laissant la jeune fille persuadée que quelque bon génie l'avait ainsi prise en pitié.

III.

Ayant regagné la route, les jeunes princes ne tardèrent pas à rencontrer un charretier, conduisant une lourde voiture.

Comme la route montait légèrement, les chevaux n'avançaient qu'avec peine, ce qui faisait maugréer le conducteur. Tout à coup il se mit à jurer de toutes ses forces : l'une des roues venait de s'enfoncer dans une ornière.

— Vous êtes en colère, Monsieur? — demanda poliment le duc de Bourgogne, qui venait de s'arrêter avec son frère.

Le charretier tourna la tête au son de cette petite voix, et murmura entre ses dents :

— Qu'est-ce qu'il marmotte-là, ce petit blanc-bec?

— Je ne vous ai pas parlé malhonnêtement, Monsieur, reprit Louis, pourquoi me répondre par des impolitesses?

— Ah! fit le charretier, nous sommes susceptibles!... Eh bien, mon gentilhomme, toi et ton camarade, vous m'avez l'air de deux galopins qui ont intérêt à se sauver de chez leurs parents.

— Oh! pas le moins du monde, Monsieur le charretier, répondit Louis sans s'intimider, pendant que le pauvre petit duc de Berry le tenait par sa veste dans l'espoir de l'entraîner. Mon frère et moi nous sommes deux petits enfants que vous ne seriez peut-être pas fâché de connaître, parce que nous aimons beaucoup à obliger les Français; et en ce moment, si vous voulez un coup de main?

Le charretier partit d'un grand éclat de rire.

— Un coup de main, fit-il, en jetant un regard de pitié sur les deux enfants. Et il se mit à fouetter vigoureusement ses chevaux, qui faisaient de courageux efforts pour tirer la charette ; ils réussirent enfin, au grand plaisir des deux enfants, et surtout du jeune Berry, dont les yeux étaient pleins de larmes en voyant ainsi battre ces pauvres bêtes.

— Tenez, dit-il, voici de l'argent, à condition que vous ne battrez plus vos chevaux.

— Pour moi ça? fit le charretier, en s'emparant d'un écu de six livres que Berry lui tendait.

— Oui, répondit l'enfant.

— Ah! vous êtes d'honnêtes petits jeunes gens! ça, c'est vrai.

LES DUCS DE BOURGOGNE ET DE BERRY.

« Tout cela est pour vous, en attendant d'autres »

Et, mettant la main à son bonnet de laine, le charretier s'éloigna.

IV.

S'apercevant que la nuit approchait, le duc de Berry supplia son frère de revenir au château; mais Louis sut si bien le rassurer, et témoigna un si vif désir de continuer sa promenade, qu'il finit par se laisser entraîner toujours plus avant sur la route.

Ils marchaient ainsi depuis un instant, quand tout à coup ils aperçurent un petit garçon misérablement vêtu qui, accroupi sur la terre, tenait sa tête dans ses mains, et pleurait de tout son cœur.

— Qu'est-ce que tu as, pauvre petit? demandèrent à la fois les deux frères.

— J'ai du chagrin, répondit l'enfant. Et il recommença à pleurer.

— Quel chagrin? demanda Louis.

— Ma mère est malade, dit-il, et la petite Jeanne va mourir.

— Où demeures-tu? demanda Berry, le cœur gros.

— Là, dit le petit paysan, en indiquant du doigt une pauvre masure de laquelle s'échappait un nuage de fumée.

— Conduis-nous alors, dit Louis.

Un instant après, le petit paysan introduisait les visiteurs dans la cabane.

Une femme pâle et maigre était étendue sur un peu de paille, et ma enveloppée dans un lambeau de couverture; elle tenait, collé contre son sein, un enfant de quelques mois; deux petites filles de quatre à cinq ans, assises par terre, pleuraient tout bas en soufflant dans leurs doigts. Quelques tisons fumaient dans l'âtre, et la fumée s'échappait par un trou pratiqué au toit.

A la vue de cette profonde misère, les deux frères se regardèrent avec épouvante.

— Qui est là, Gérôme? demanda la pauvre femme d'une voix faible.

— Deux jeunes seigneurs qui ont voulu entrer, mère; ils ont l'air bon.

— Que veulent-ils, reprit la malade, en essayant de se soulever.

— Vous soulager, s'il est possible, répondit doucement Louis; nous sommes riches, et si nous avions su plus tôt votre misère, nous vous aurions secourue.

— Enfin! soupira la malheureuse femme, Dieu ne nous a pas abandonnés!... Je suis veuve, continua-t-elle; mon pauvre homme était maçon, il a été tué en travaillant à Trianon, par un échaffaudage qui est tombé, et personne ne nous a secourus.

— C'est bien mal, cela, dit le duc de Bourgogne; mais il y a encore moyen de réparer cet oubli. Et, secouant sur le grabat la bourse que venait de lui tendre son frère, il en fit tomber une dizaine de pièces d'or; tenez, continua-t-il, tout cela est pour vous en attendant d'autres.

La pauvre femme ne pouvait en croire ses yeux.

— Merci, ange du bon Dieu, dit-elle, en joignant ses mains amaigries, je prierai tous les jours pour vous.

V.

En ce moment, un bruit confus de cris, de voix, de piétinements de chevaux se fit entendre.

— Qu'est-ce que cela? demandèrent les princes.

— Oh! c'est le roi qui revient de la chasse, dit le petit Gérôme; il passe tous les jours par ici; c'est le plus beau chemin pour rentrer au château.

— Tous les jours, répéta Louis avec une expression pensive, tout en se dirigeant vers la porte pour apercevoir son aïeul.

Ce n'était pas le roi, mais bien plusieurs cavaliers qui, munis de torches, paraissaient fort affairés.

— Qu'y a-t-il donc? demanda à l'un d'eux le petit paysan.

— Il y a, mon petit ami, répondit le cavalier, que les deux fils aînés de Monseigneur le Dauphin ont disparu de Versailles aujourd'hui, et que l'on craint qu'ils n'aient été volés par des ennemis du roi.

— Ils n'ont pas été volés, et la preuve c'est que les voici! s'écria soudain le duc de Bourgogne en s'avançant bravement sur le seuil de la chaumière, tandis que le timide Berry se tenait derrière lui dans l'attitude d'un jeune coupable qui craint d'être puni.

L'un des gardes les mit en selle sur son cheval.

— Monseigneur le duc de Bourgogne ! Monseigneur le duc de Berry !
s'écrièrent à la fois tous les gardes du corps.

— Oui, nous-mêmes ; si vous voulez nous reconduire au château,
nous sommes prêts.

Puis, se rapprochant du petit Gérôme, qui paraissait confondu de
reconnaître les petits-fils du roi dans ses jeunes bienfaiteurs, le duc de
Bourgogne lui dit d'assurer sa mère que ni lui ni son frère ne l'oublie-
raient.

VI.

Après avoir enveloppé de son manteau les deux jeunes princes, l'un des gardes les mit en selle sur son cheval, et, s'emparant de la bride, il les conduisit en courant, tandis que ses compagnons partaient au grand trot pour aller annoncer au palais l'heureuse nouvelle.

Les deux jeunes déserteurs arrivèrent ainsi à Versailles.

Introduits aussitôt dans les appartements du dauphin, ils furent d'abord accueillis par lui avec assez de sévérité ; mais le duc de Bourgogne ayant fait naïvement le récit de leur excursion, il se calma peu à peu, et finit par leur dire d'une voix émue :

— Je vous pardonne, moi ; mais voici votre mère, que votre imprudence a rendu malade ; essayez de même d'obtenir d'elle votre pardon.

Marie-Josèphe de Saxe venait d'entrer, et paraissait en effet très souffrante ; cependant dès que Louis lui eut fait, comme à son père, le récit de ses aventures, elle attira ses deux enfants sur son cœur, et leur prodigua les plus tendres caresses.

— Ah! je pourrai mourir, dit-elle, en embrassant tour à tour ses enfants : je connais le parfait bonheur. »

La porte s'étant ouverte en ce moment, Louis XV s'avança sévèrement vers ses petits-fils ; mais il dut aussi bientôt se rendre à l'éloquence naïve du duc de Bourgogne.

— Puisque vous en faites un si noble usage, je doublerai à l'avenir votre pension mensuelle, chers enfants dit-il, et, attirant sur son cœur les deux jeunes princes, il les baisa à plusieurs reprises avec une émotion profonde.